MES ENFANTS,
LA RELIGION SEULE FAIT NOTRE BONHEUR.

PREMIER
ALPHABET
FRANÇAIS
divisé par Syllabes
Pour apprendre à épeler avec grande facilité.

AMIENS,
TYPOGRAPHIE DE CARON ET LAMBERT,
IMPRIMEURS-LIBRAIRES DE M?? L'ÉVÊQUE.
PLACE DU GRAND-MARCHÉ

A	B	C	D
E	F	G	H
IJ	K	L	M
N	O	P	Q
R	S	T	U
V	X	Y	Z

a	b	c	d
e	f	g	h
ij	k	l	m
n	o	p	q
r	s	t	u
v	x	y	z

A B C D E
F G H I J
K L M N O P Q
R S T U V X Y Z
Æ OE.

a b c d e f
g h i j k l m n
o p q r s t u v
x y z. æ œ.

☆ A B C D E F G H I J K L
a b c d e f g h i j k l
M N O P Q R S T U V X Y Z.
m n o p q r s t u v x y z.
Æ Œ W. — É È Ê Ç.
æ œ w   é è ê ç.

☆ *A B C D E F G H I J K L*
a b c d e f g h i j k l
M N O P Q R S T U V X Y Z.
m n o p q r s t u v x y z.

---

1 2 3 4 5 6 7 8 9 0.

SYLLABES.

Ba	bé	bè	be	bi	bo	bu.
Ca *	cé	cè	ce	ci	co *	cu *.
Da	dé	dè	de	di	do	du.
Fa	fé	fè	fe	fi	fo	fu.
Ga *	gé	gè	ge	gi	go *	gu *.
Ha	hé	hè	he	hi	ho	hu.
Ja	jé	jè	je	ji	jo	ju.
Ka	ké	kè	ke	ki	ko	ku.
Ma	mé	mè	me	mi	mo	mu.
Na	né	nè	ne	ni	no	nu.
Pa	pé	pè	pe	pi	po	pu.
Qua	qué	què	que	qui	quo	qu.
Ra	ré	rè	re	ri	ro	ru.
Sa	sé	sè	se	si	so	su.
Ta	té	tè	te	ti	to	tu.
Va	vé	vè	ve	vi	vo	vu.

* *C*, devant *a*, *o*, *u*, se prononce comme *K* ; — *G*, devant *a*, *o*, *u*, se prononce dur.

Xa	xé	xè	xe	xi	xo	xu.
Za	zé	zè	ze	zi	zo	zu.
Bla	blé	blè	ble	bli	blo	blu.
Bra	bré	brè	bre	bri	bro	bru.
Cla	clé	clè	cle	cli	clo	clu.
Cra	cré	crè	cre	cri	cro	cru.
Chra	chré	chrè	chre	chri	chro	chru.
Dra	dré	drè	dre	dri	dro	dru.
Fla	flé	flè	fle	fli	flo	flu.
Fra	fré	frè	fre	fri	fro	fru.
Gna	gné	gnè	gne	gni	gno	gnu.
Gra	gré	grè	gre	gri	gro	gru.
Gua	gué	guè	gue	gui	guo	gu.
Pra	pré	prè	pre	pri	pro	pru.
Pha	phé	phè	phe	phi	pho	phu.
Spa	spé	spè	spe	spi	spo	spu.
Tla	tlé	tlè	tle	tli	tlo	tlu.
Tra	tré	trè	tre	tri	tro	tru.
Tha	thé	thè	the	thi	tho	thu.
Vra	vré	vrè	vre	vri	vro	vru.

VOYELLES : A, E, I, O, U. (Y).
Les autres lettres se nomment Consonnes.

No-tre Pè-re, qui ê-tes aux ci-eux, que vo-tre nom soit sanc-ti-fi-é ; que vo-tre rè-gne ar-ri-ve ; que vo-tre vo-lon-té soit fai-te sur la ter-re com-me dans le ciel : don-nez-nous au-jour-d'hui no-tre pain de cha-que jour; par-don-nez-nous nos of-fen-ses, com-me nous par-don-nons à ceux qui nous ont of-fen-sés; et ne nous lais-sez pas suc-

com-ber à la ten-
ta-ti-on ; mais dé-
li-vrez-nous du
mal. Ain-si soit-il.
Je vous sa-lue,
Ma-rie, plei-ne,
de grâ-ce, le Sei-
gneur est a-vec
vous : vous ê-tes bé-
nie en-tre tou-tes

les fem-mes, et Jé-sus le fruit de vos en-trail-les est bé-ni. Sain-te Ma-rie, Mè-re de Di-eu, pri-ez pour nous, pau-vres pécheurs main-te-nant et à l'heu-re de no-tre mort. Ain-si soit-il.

Je crois en Di-eu, le Pè-re Tout-Puis-sant, Cré-a-teur du ci-el et de la ter-re ; et en Jé-sus-Christ, son Fils u-ni-que, No-tre Sei-gneur, qui a é-té con-çu du

Saint-Es-prit ; est né de la Vi-er-ge Ma-rie, qui a souf-fert sous Pon-ce Pi-la-te, a é-té cru-ci-fi-é, est mort, et a é-té en-se-ve-li ; qui est des-cen-du aux en-fers, le troi-si-è-me jour est res-sus-ci-té des morts; qui est mon-té aux ci-eux, est as-sis à la droi-te de Di-eu le Pè-re Tout-Puis-sant; d'où il vi-en-dra ju-ger les vi-vants et les morts. Je crois au Saint-Es-prit, à la sain-te É-gli-se ca-tho-li-que, la com-mu-ni-on des Saints, la ré-mis-si-on des pé-chés, la ré-sur-rec-ti-on de la chair, la vie é-ter-nel-le. Ain-si soit-il.

Que la sain-te Vi-er-ge, les Saints An-ges et tous les Saints in-ter-cè-dent pour nous au-près de Notre-Sei-gneur Jé-sus-Christ.

Ain-si soit-il.

A-vant le Re-pas.

Que la main de Jé-sus-Christ nous bé-nis-se, ain-si que la nour-ri-tu-re que nous al-lons pren-dre.

Au nom du Pè-re et du Fils et du Saint-Es-prit. Ain-si soit-il.

A-près le Re-pas.

Nous vous ren-dons grâ-ces de tous vos bi-en-faits, Di-eu tout-puis-sant, qui vi-vez et ré-gnez dans tous les si-è-cles des si-è-cles. Ain-si soit-il.

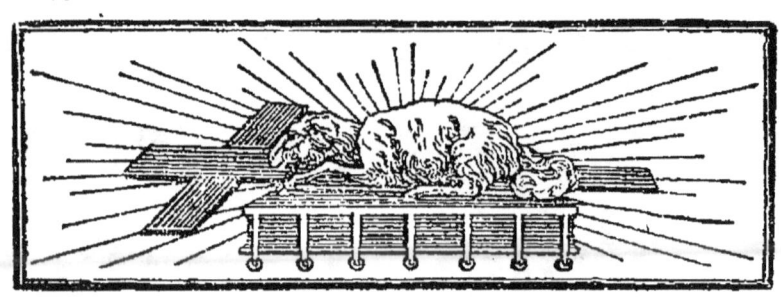

PRI-È-RES.

DI-VIN JÉ-SUS, fai-tes que je vi-ve se-lon les pré-cep-tes de vo-tre saint É-van-gi-le ; ren-dez-moi di-gne dans tous les temps d'ob-te-nir de vous tou-tes les grâ-ces qui me se-ront né-ces-sai-res pour ê-tre heu-reux en ce mon-de et en l'au-tre. Ain-si soit-il.

Mon Di-eu, fai-tes que les â-mes des fi-dè-les tré-pas-sés re-po-sent en paix. Ain-si soit-il.

Après la Prière du soir,  avant de s'endormir.

Sain-te Vi-er-ge Ma-rie, mè-re de Di-eu, pri-ez pour nous. Saints An-ges Gar-di-ens, veil-lez au-tour de nous. Saints et Sain-tes, in-ter-cé-dez pour nous.

CHIFFRES.

1, 2, 3, 4, 5,
Un, deux, trois, quatre, cinq,

6, 7, 8, 9, 0.
six, sept, huit, neuf, zéro.

COMMANDEMENT DE LA LOI DIVINE.

Vous aimerez DIEU

| de tout votre cœur, | de tout votre esprit, |
| de toute votre âme, | et de toutes vos forces |

et VOTRE PROCHAIN comme vous-même.

NOUVEL ALPHABET

RÉCRÉATIF,

REPRÉSENTANT DES ANIMAUX.

DEVOIRS DE L'ENFANT SAGE.

Il faut aimer sa Religion, observer ce qu'elle prescrit, et ne point faire ce qu'elle défend. Il faut donc croire en Dieu, l'aimer, le prier, l'adorer, le servir ; vivre avec piété, sobriété et chasteté, aimer son prochain et lui souhaiter le bien ; être obéissant envers ses père et mère, maîtres et maîtresses ; être doux, patient, modeste, complaisant, charitable envers les pauvres ; être laborieux et attentif aux instructions qu'on vous donne.

ALPHABET DES ANIMAUX.

A a	B b
AUTRUCHE.	BŒUF.
C c	D d
CHAMEAU.	DROMADAIRE.

ALPHABET DES ANIMAUX.

N n
NID

O o
OURS.

P p
POULE.

Q q
QUILLES.

ALPHABET DES ANIMAUX.

R r

RHINOCÉROS.

S s

SERPENT.

T t

TIGRE.

U u

UNAU.

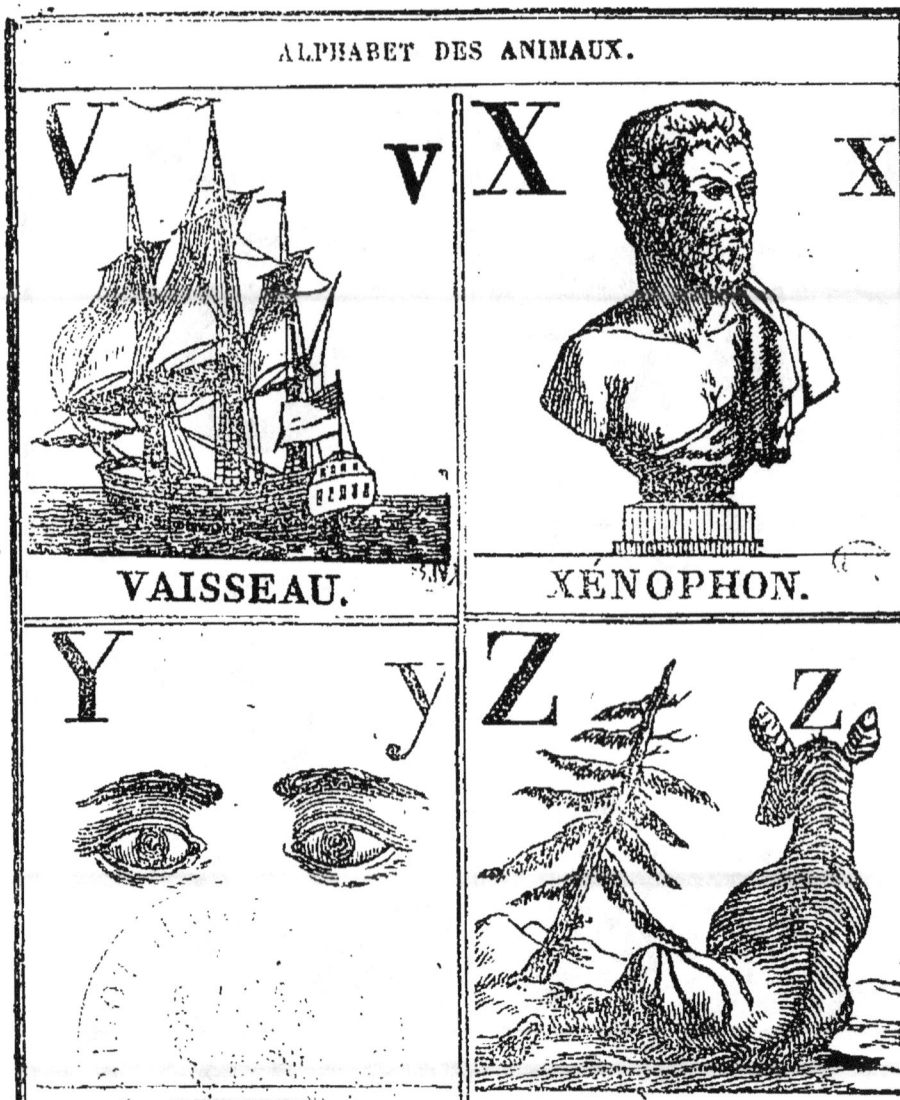

www.ingramcontent.com/pod-product-compliance
Lightning Source LLC
Chambersburg PA
CBHW060918050426
42453CB00010B/1788